AF451927

NOUVEAU RÉPERTOIRE THÉATRAL

NE

TOUCHEZ PAS A LA HACHE !

COMÉDIE-VAUDEVILLE EN UN ACTE

PAR

MM. ÉDOUARD PLOUVIER et JULES ADENIS

TH. DES FOLIES-DRAMATIQUES.

PARIS

JULES DAGNEAU, LIBRAIRE-ÉDITEUR

23, RUE FONTAINE-MOLIÈRE, 23

au premier

1854

NE
TOUCHEZ PAS A LA HACHE !

COMÉDIE-VAUDEVILLE EN UN ACTE

PAR

MM. EDOUARD PLOUVIER et JULES ADENIS

REPRÉSENTÉE POUR LA PREMIÈRE FOIS, A PARIS, LE 15 AVRIL 1854.

THÉATRE DES FOLIES-DRAMATIQUES.

PARIS

JULES DAGNEAU, LIBRAIRE-ÉDITEUR

23, RUE FONTAINE-MOLIÈRE, 23

au premier

1854

NE TOUCHEZ PAS A LA HACHE !

COMÉDIE-VAUDEVILLE EN UN ACTE.

Le théâtre représente la terrasse d'un parc.— A droite du spectateur, un pavillon élevé sur un perron, avec une fenêtre faisant face au public et par laquelle on voit une panoplie où sont suspendus un porte-voix et une petite hache d'abordage. — A gauche, une table de jardin et deux chaises ; au fond une haie et des arbres de distance en distance.

SCÈNE PREMIÈRE.

Au lever du rideau, musique; un domestique en élégante livrée escalade la haie du fond. Il tient une lettre à la main et descend la scène avec précaution. S'approchant de la fenêtre du pavillon, il l'ouvre et paraît vouloir l'escalader, mais comme s'il entendait quelque bruit, il s'arrête, et après un moment d'hésitation, il dépose sa lettre sur la table rustique qui est à gauche. Il s'enfuit précipitamment par l'endroit où il est entré.

CHRISTINE, *sortant du pavillon, un livre à la main et parlant à la cantonnade.*

Surtout, fermez bien la grille et ne rentrez pas tard !.... (*A elle-même.*) Bons domestiques !... Ils me laissent entièrement seule dans mon vieux château, où j'ai peur, même quand ils sont là !... Est-il grand ce parc ! Il est très-bien, mais trop grand, et j'ai bien fait de le vendre ! et je le quitterai sans regret ! (*Allant s'asseoir à la table de gauche.*) Décidément, j'aurais dû me remarier ! le mariage a son bon côté; celui d'être deux d'abord ! Ah ! mon Dieu ! la peur d'avoir peur me fait penser à M. de Marveilles ! Est-ce pour le regretter !..... Oh ! non ! certes, je crois M. de Marveilles amoureux de moi, et c'est bien naturel ! mais je le crois amoureux de ma fortune aussi, et je ne sais rien d'humiliant comme ces rivalités-là !... Quel silence !... (*Elle aperçoit la lettre déposée par le domestique, elle la prend en laissant son livre sur la table.*) Qu'est-cela ! une lettre !... « A madame Christine de Thévannes. » Pour moi ! Qui donc a placé là cette lettre ?... (*Ouvrant et lisant.*) « Madame, après trois mois de recherches, j'ai enfin » découvert votre retraite... » (*Parlé.*) Ah ! mon Dieu ! (*Reprenant et plus vite.*) « Ce soir même, je serai près de vous, et

» cette fois vous me direz, j'espère, pourquoi vous refusez de
» m'aimer ! Quant à moi, ma passion est devenue si vive que
» je suis décidé à vous compromettre ; si je vous l'avoue,
» c'est par certitude d'y réussir, et si je vous préviens c'est
» par pure courtoisie.

» Croyez, madame.....

» DE MARVEILLES. »

Quelle courtoisie !..... Ah ! un scandale, une escalade, que
sais-je ! Un enlèvement, peut-être ; c'est charmant ! Mais je
vous jure, M. de Marveilles, que vous n'entrerez pas chez moi,
et je vais donner des ordres... (*S'arrêtant court.*) Ah ! mon
Dieu ! j'oubliais ! Louison, André, le jardinier, tout le monde
est à la fête... je suis seule, sans défense ! et cette lettre que
j'ai trouvée là... quelqu'un a donc déjà pénétré dans le château !...

LA VOIX D'ARMAND, *au dehors.*

Par ici, Triptolème.

CHRISTINE, *avec un cri.*

Ah ! déjà, mon Dieu ! sauvons-nous.
(*Elle remonte dans le pavillon, en ferme la porte et disparaît à
droite.*)

SCÈNE II.

ARMAND, TRIPTOLÈME.

ARMAND, *franchissant la haie au point où le domestique l'a
entr'ouverte.*

Là ! m'y voici ! Saute donc, Triptolème !

TRIPTOLÈME, *sautant.*

Voilà ! Armand ! voilà ! Où sommes-nous donc ici ?
(*Ils descendent la scène. Tous deux portent des blouses de voyage
avec un sac sur l'épaule. Sur le sien, Triptolème a en outre deux
fleurets croisés.*)

ARMAND, *s'asseyant au pied d'un arbre.*

Eh ! mais, dans un jardin ! Il est même très-beau pour un
jardin d'Auvergne !

TRIPTOLÈME.

Ah ! bien oui, l'Auvergne ! Combien de lieues avons-nous
marchées depuis ce matin ?.. au moins cent cinquante lieues !
Je te dis que nous sommes dans quelque forêt vierge, chez
les Incas ou chez les Mohicans. (*Regardant au-dessus de sa
tête.*) Tiens ! des fruits !... et pas trop verts, ma foi !

ARMAND, *apercevant le livre sur la table rustique.*
Tiens ! des vers !... et de M. Alfred de Musset !
(*Lisant.*)

  « J'ai dit à mon cœur, à mon faible cœur :
  » N'est-ce point assez d'aimer sa maîtresse ?
  » Et ne vois-tu pas que changer sans cesse,
  » C'est perdre en désir le temps du bonheur ?... »

O poète d'amour !

TRIPTOLÈME, *mangeant.*
On cultive la pomme, chez ces Mohicans !

ARMAND, *montrant le livre et le pommier.*
Le serpent et la pomme ; il y a une femme ici.

SCÈNE III.

LES MÊMES, CHRISTINE, *dans le pavillon, regardant par le
trou de la serrure.*)

TRIPTOLÈME.
En attendant que nous apercevions la femme, je croque
la pomme.

ARMAND.
Tu vas te faire mal avec ces fruits...

TRIPTOLÈME.
N'aie pas peur ! (*Se frappant l'estomac.*) Il y avait de la
place, là, sais-tu !

CHRISTINE, *regardant toujours.*
Qu'est-ce que ces hommes-là ?... Le plus jeune est fort
bien.

ARMAND.
Ça, voyons, tu ne tiens pas à coucher à la belle étoile ?

TRIPTOLÊME.
Je n'y tiens pas tant qu'à un bon matelas... et à un souper
succulent.

ARMAND.*
J'ai envie de frapper à ce pavillon !

      (*Ils se consultent à voix basse.*)

* Triptolème, Armand.

CHRISTINE.

Ce sont de pauvres artistes en voyage! Un secours inat-
tendu qui m'arrive.

(*Elle va pour ouvrir.*)

ARMAND, *après avoir frappé.*

Dis donc! on ne répond guère. (*Frappant.*) Madame, si
vous êtes-là, ouvrez! Au nom de M. Alfred de Musset, ouvrez,
Madame!.

CHRISTINE, *qui s'est arrêtée en réfléchissant.*

Si c'était un piége?... s'ils étaient envoyés par M. de Marveilles. Comment le savoir?

(*Armand frappe un grand coup. — Silence.*)

ARMAND.

Ah! quelle idée!... Je vais chanter à cette personne quelque chose comme une sérénade; et vraiment, (*Regardant au
ciel, puis autour de lui.*) les fleurs embaument, les ruisseaux
murmurent, la lune va se lever dans l'opale et l'azur; c'est
l'instant, c'est le quart d'heure... Allons... (*Il chante à la porte
du pavillon.*)

AIR : *Au clair de la lune.*

Au clair de la lune,
Qui va resplendir,
Beauté blonde ou brune,
Laisez-vous fléchir!...
Ouvrez-moi votre âme,
Et par charité,
Donnez-moi, Madame,
L'hospitalité !...

(*Parlé.*) Reprends avec moi, Triptolème.

TRIPTOLÈME, *qui s'assoupissait, se réveillant.*

Hein?... quoi?... ah! oui !

ENSEMBLE.

Au clair de la lune, etc.

CHRISTINE, *avisant le porte-voix.*

Ah! je suis sauvée... (*Le prenant et grossissant sa voix.*)
Qui est là ?

ARMAND, *reculant abasourdi.*

Fichtre !... c'est un monsieur ! et bien enroué même !.....
Epuisez-vous donc en harmonies.

CHRISTINE, *reprenant le porte-voix.*

Qui donc est là, morbleu ?...

ARMAND, *criant.*

Morbleu !... (*Se ravisant.*) Mais, monsieur, je viens de vous le dire en vers.

TRIPTOLÈME.

Il n'a pas suivi.

CHRISTINE, *parlant dans le porte-voix.*

Morbleu ! que demandez-vous ?

ARMAND, *parlant haut.*

D'abord, monsieur, nous vous demandons mille pardons ! Ensuite, vous voyez devant vous, c'est-à-dire vous pourriez voir, deux artistes en voyage, tombant de fatigue et mourant de faim. Nous avions hâte d'arriver à Saint-Amand, nous en avons perdu le chemin, et si vous daigniez venir nous renseigner un peu, nous vous serions reconnaissants jusque dans notre postérité !

CHRISTINE, *même jeu.*

Je vais prévenir madame !

ARMAND.

Quoi ! prévenir ! Quoi ! Madame ! C'est donc un domestique. J'ai donné une sérénade à un domestique !...

TRIPTOLÈME.

Nous avons donné une sérénade à un domestique.

ARMAND, *criant.*

Eh ! l'ami ; inutile de la déranger, votre maîtresse !

TRIPTOLÊME, *allant au pavillon.*

Un instant ! Quel âge a-t-elle, votre maîtresse ?

CHRISTINE, *même jeu.*

Soixante-cinq ans.

(*Triptolème se sauve.*)

ARMAND.

Aie !... Ouvrez plutôt et venez nous indiquer la route vous-même.

CHRISTINE, *à part, en riant.*

Non, non, j'aime mieux aller prévenir ma maîtresse.

(*Elle disparaît par la gauche.*)

SCÈNE IV.

ARMAND, TRIPTOLÈME.

ARMAND.

Quelle femme ça peut-il être, sa maîtresse ?... Quelque Auvergnate parvenue, sans doute ! une femme *qui parla commé cha*, et qui aura acheté ce vieux domaine, avec des vieux clous, des vieux chaudrons et des vieux gros sous pleins de vert de gris, pouah !

TRIPTOLÈME.

Ah ! Armand, si cette châtelaine auvergnate pouvait être une montagnarde écossaise... (*Chantant.*) Chez les montagnards écossais, l'hospitalité se donne... (*Parlé*) : et ne se vend jamais.

ARMAND.

Dam ! nous allons bien voir!... (*Se reprenant.*) Quand je dis voir, je devrais dire entendre, car voici la nuit ; et si cette dame nous offre gracieusement l'hospitalité , si elle insiste beaucoup, nous n'avons pas de motifs pour...

TRIPTOLÈME.

Est-il nécessaire qu'elle insiste beaucoup?

ARMAND.

Et notre dignité, Triptolème!... Nous voyageons à pied, il me semble ! nous n'avons pas l'air de très-grands seigneurs, que je pense !... nous devons, Monsieur, atténuer le négligé de notre costume par la noblesse de nos manières; faites-moi la grâce de ne l'oublier point !

TRIPTOLÈME.

Mettez-vous l'esprit en repos, mon noble élève ; ne suis-je pas professeur ès-armes et ès-gráces ! Garde académique, tu verras ça !

ARMAND.

Je crois que la porte s'ouvre ! Attention !

(*Armand dépouille sa blouse de voyage.*)

ENSEMBLE.

AIR : *Ermite, bon ermite.*

CHRISTINE.

En cette circonstance,
Peureuse, et seule ici,
Allons avec prudence,

Et prévoyance,
Observer l'ennemi !
> ARMAND et TRIPTOLÈME.

En cette circonstance,
Ou le sort nous conduit,
Unissons la prudence,
A l'assurance,
Nos compagnes ici !

CHRISTINE, *elle va descendre sur la scène, quand elle s'arrête, laisse la porte du pavillon se refermer et rentre en disant.*

Ah ! mon talisman !

> ARMAND, *à Triptolème pendant ce mouvement.*

Elle recule ! tu lui as fait peur, cache-toi !

> TRIPTOLÈME.

Non, je vais sourire.

(*Pendant ces mots, Christine décroche la petite hache qu'on voit à la panoplie, elle la passe dans sa ceinture et descend les marches du perron*).

> CHRISTINE.

Messieurs, on vient de me prévenir...

> ARMAND, *étonné à Triptolème.*

Ah ! entends-tu ? quelle fraiche voix, à cet âge-là !

> TRIPTOLÈME, *même jeu.*

J'en suis ému !

> CHRISTINE, *à part.*

Qu'ont ils donc? (*souriant*) ah ! je comprends ! mon domestique leur avait annoncé une douairière et ma voix.... (*Se reprenant d'une voix un peu chevrotante et baissant la tête pour cacher ses traits*). On vient de me prévenir, messieurs, que vous désiriez me parler.

> ARMAND, *un peu troublé.*

Mon Dieu, madame, il est bien naturel quand on a déjà l'honneur de vous connaître de désirer avoir l'honneur de vous parler, mais je n'eusse pas sollicité cet honneur...

> TRIPTOLÈME, *bas.*

Trop d'honneur !... tu vas nous faire passer pour des filous. (*Haut, et se mettant devant Armand*.*) Madame, nous nous sommes permis d'entrer chez vous, par cette porte qui était ouverte. (*Il montre la haie.*)

> ARMAND, *en se mettant devant Triptolème **.*

Madame, nous n'avions pas d'autre ambition que d'obtenir

---

* Armand, Triptolème, Christine.
** Triptolème, Armand, Christine.

un renseignement sur le chemin à suivre, pour arriver à Saint-Amand... et puis, comme nous tombions de fatigue...

TRIPTOLÈME.

Et de faim...

(Il reçoit un grand coup de pied d'Armand.)

CHRISTINE.

Messieurs... *(A part.)* Où donc ai-je entendu la voix de ce jeune homme?... Mais s'il servait au complot de M. de Marveilles...

ARMAND.

Pour ne point vous déranger plus longtemps, Madame, permettez seulement que votre domestique nous serve de guide jusqu'au village, où nous avons hâte de reposer notre tête.

TRIPTOLÈME.

Et notre estomac...

(Nouveau coup de pied d'Armand.)

CHRISTINE, *à part.*

Ils veulent repartir! mes craintes étaient folles!... *(Haut et se laissant bientôt revenir à sa voix naturelle.)* Messieurs, nous venons d'arriver dans ce pays et mes domestiques ne le connaissent pas plus que moi. Mon jardinier seul pourrait vous guider, mais, comme tout le monde des environs, il est à une fête de village, dont on entend d'ici les violons...

ARMAND, *écoutant.*

Oui, en effet, je crois saisir... *(A part.)* Je voudrais bien voir le visage de cette voix-là!

CHRISTINE.

La fête du village que vous cherchez! Saint-Armand!

TRIPTOLÈME, *à Armand.*

Tiens! ta fête!...

(Troisième coup de pied d'Armand.)

ARMAND.

Mille pardons, Madame! Allons, c'est notre bonne étoile qui nous conduira... En route, Triptolème!

TRIPTOLÈME, *à part.*

Je n'ai pas assez pris la parole.

CHRISTINE.

Quoi, Monsieur, partir ainsi!... au hasard, sans savoir où vous allez, vous exposer par la nuit! je ne puis souffrir cela!

TRIPTOLÈME, *à part, se rassurant.*

Ah! noble cœur!

CHRISTINE.

Attendez le retour de mon jardinier, et...

ARMAND.

Madame, j'aurais peur...

TRIPTOLÈME, *à part.*

Poltron !

CHRISTINE, *souriant.*

Et en quoi donc ? Dans les pays de montagnes, l'hospitalité est de tradition !

TRIPTOLÈME, *à Armand.*

Qu'est-ce que je t'ai chanté tout à l'heure ?

CHRISTINE.

Vous restez, n'est-ce pas ? et, en attendant André, vous me permettrez de vous faire servir une légère collation.

TRIPTOLÈME, *à part, inquiet.*

Légère, légère, pourquoi légère ?...

ARMAND.

Permettez, Madame.

CHRISTINE.

Oh ! rassurez-vous, je ne vous gâterai pas : un pâté de gibier, du vin de mes vignes, des fruits de mon jardin, ce sera sans façon, là, sous ces ormes... (*Vivement*). Vous aurez de la lumière !...

TRIPTOLÈME, *à part.*

Elle est adorable, cette femme de soixante-cinq ans !

CHRISTINE.

Je vais vous faire servir par... Suzette, ou par Louison. (*A part.*) M. de Marveilles peut venir maintenant par la porte ou par la fenêtre, je ne le crains plus !

ENSEMBLE.

AIR *de la nuit de noël de Reber.*

CHRISTINE.

Ici tous deux,
Vous cédez à mes vœux;
En voyage,
C'est l'usage,
On doit toujours sans crainte et sans fierté,
Recevoir l'hospitalité.

ARMAND.

Allons tous deux,
Rendons-nous à ses vœux;
En voyage,
C'est l'usage,

On peut toujours sans crainte et sans fierté,
Recevoir l'hospitalité.

TRIPTOLÈME, *à part sur la fin de la ritournelle.*

Faites, mon Dieu ! que le vin présenté,
Ne soit pas du vin frelaté.

(La nuit est tout à fait venue, mais la lune s'est levée. Au moment où Christine sort, un rayon permet à Triptolème d'apercevoir ld hache qu'elle a passée sous sa ceinture.)

SCÈNE V.

ARMAND, TRIPTOLÈME, *puis* LE DOMESTIQUE *de la première scène.*

TRIPTOLÈME, *faisant un bond.*

Ah !... as-tu vu ?...

ARMAND.

Quoi ?...

TRIPTOLÈME.

Cette dame porte une hache à sa ceinture.

ARMAND.

Tu es fou !

TRIPTOLÈME.

Une hache, te dis-je !... et elle nous offre à souper. Serions-nous tombés dans une succursale de la tour de Nesles? Singulière aventure !...

AIR : *Tout le long de la riviere.*

J'aime assez le commencement,
Le festin... mais le dénouement !
Les rideaux de cette fenêtre,
Cachent un ennemi peut-être !...
Mitonnant quelque trahison,
Par le fer ou par le poison,
Il nous ferait à tous deux notre affaire,
Et nous flanquerait au fond de la rivière,
Au fond, au fin fond de la rivière !...

et ce serait bien mélancolique de mourir comme ça... le jour de ta fête, Armand ! Et dire qu'au milieu de l'Auvergne, je n'ai pas un biscuit de Savoie, avec une rose dessus, pour cette fête-là !... Destin funeste ! Ah ! j'y boirai du moins !

ARMAND, *qui ne l'écoute pas.*

L'aimable vieille femme ! Evidemment c'est une Parisienne

qui sera venue passer la belle saison dans une de ses terres!...

*(Il se fait un bruit dans la haie au fond, et l'on y voit paraître
le domestique de la scène première, une lanterne à la main.
Musique à l'orchestre.)*

TRIPTOLÈME.

Tiens! qu'est-ce que cette lanterne de cabriolet?

*(Le domestique s'avance vers Armand et lui remet un billet, puis
il éclaire avec sa lanterne. Demi jour.*)*

TRIPTOLÈME.

Voilà un facteur original!

ARMAND, *lisant.*

« Monsieur, voilà près d'une heure que je vous entends
» causer, et je n'aime ni votre voix, ni celle de votre compa-
» gnon. »

TRIPTOLÈME.

Il est difficile.

ARMAND, *continuant.*

« Si dans une demi-heure vous n'avez pas quitté le parc,
» j'ai l'honneur de vous prévenir que vous en sortirez privés
» de vos oreilles, qu'on aura le plaisir de vous couper à tous
» deux. »

TRIPTOLÈME.

Quelle idée!

ARMAND.

Pas de signature. *(S'asseyant.)* Un défi! nous voilà forcés de
rester.

TRIPTOLÈME.

Occasion charmante d'appliquer les excellents principes
que je t'ai donnés! *(Le domestique va pour s'éloigner. Il court
après lui.)* Eh! Jasmin, dites à votre maître qu'on ne ne nous
a jamais coupé les oreilles, à nous, mais que nous lui per-
mettons d'essayer!... *(La nuit. — Redescendant la scène, tandis que le domestique disparaît par la haie.)* Couper les oreilles,
quelle folie! est-ce que ça se fait?... Ça se dit, dans les co-
médies, mais ça ne se fait pas! A quoi rêves-tu, Armand?...
aux parades que je t'ai démontrées?...

ARMAND.

Oui... c'est-à-dire, non!... Tiens, Triptolème, il y a du
mystère ici!... Que dis-tu de cette douairière qui va nous faire
servir à la belle étoile, quand la salle à manger serait bien
plus commode?...

* Armand, le domestique, Triptolème.

TRIPTOLÈME.

Je dis que Louison devrait bien apporter le souper.

ARMAND.

Et de cette provocation dont la cause est certainement une femme, et une femme qui n'a pas soixante-cinq ans, va!... qn'en dis-tu...

TRIPTOLÈME.

Je dis que le service se fait bien lentement dans cette contrée!... Mais je ne me trompe pas! une lumière s'avance, éclairant une jupe rayée!... et un panier... plein, ma foi! La pauvre enfant est bien embarrassée, si elle allait casser les bouteilles! Attendez, Louison, attendez.

(Il sort à droite derrière le pavillon.)

SCÈNE VI.

ARMAND, seul et rêvant.

A travers ce mystère, la voix de cette vieille femme résonne en moi comme un écho lointain, comme le souvenir d'un chant entendu jadis!... (*Courte pause.*) Çà, qu'ai-je donc, moi?... il me semble que mon cœur est en danger et qu'il bat plus vite, et que je vais tomber amoureux!...

<blockquote>

Air de Musette. (D'Alfred Vernet.)

A cette voix si douce encore,
Pourquoi mon cœur s'est-il troublé?
Loin de l'image qu'il adore,
Ainsi jamais il n'a tremblé!...
Malgré moi faiblit mon courage,
Et l'on dirait, j'en ai grand peur,
Qu'en me remettant en voyage,
Ici je vais laisser mon cœur!...

</blockquote>

SCÈNE VII.

TRIPTOLÈME, ARMAND, *portant un panier rempli de provisions.* CHRISTINE, *en costume de soubrette et portant deux bougies. Elle a gardé la hache à sa ceinture. — jour.*

TRIPTOLÈME.

Là, nous y voici. Elle est très-bien, tiens, Armand, cette Louison! elle me plaît infiniment! (*S'asseyant à gauche et mettant rapidement le couvert.*) Et voici un autre point de vue qui

me plaît encore assez!... Allons, mangeons, buvons, aimons,
chantons! livrons-nous aux transports d'une aimable folie!
disons des larillas! des coqs-à-l'âne et des calembredaines
avec des calembourgs.

(Il se met à manger avidement.)

ARMAND.

Eh! mais, voici un pâté qui a fort bonne mine; on le croi-
rait de chez Lesage.

TRIPTOLÈME.

Le sage se contente de peu.

CHRISTINE *en regardant Triptolème et en s'efforçant de changer
sa manière de parler.*

Dites donc, Monsieur, il ne vous laissera que la vaisselle,
votre ami, s'il continue comme ça!

ARMAND, *levant la tête.*

Eh! mais cette voix... *(Regardant Christine.)* c'est merveil-
leux! Triptolème, admires-tu comme Mademoiselle...

CHRISTINE.

Louison...

ARMAND.

Comme mademoiselle Louison a la voix de sa maîtresse!

TRIPTOLÈME, *mangeant avec avidité.*

Allons donc! c'est un effet d'optique! La faim te donne des
éblouissements. Mange, mon ami.

CHRISTINE.

Oh! ce n'est pas étonnant, Monsieur, l'habitude de vivre
auprès d'une maîtresse qu'on aime! L'aimant bien, on la
trouve parfaite, et la trouvant parfaite, on est porté à l'imi-
ter...

ARMAND, *la regardant avec plaisir.*

Mais elle s'exprime à ravir, mais elle est charmante, cette
Louison-là! N'est-ce pas, Triptolème?...

TRIPTOLÈME.

Oh! oui! oh! oui! je voudrais bien être sa maîtresse aussi,
elle s'attacherait à moi, je m'attacherais à elle... qui s'assem-
ble se rassemble, comme on dit à ton atelier, et même, les
sentiments de Louison me touchent à un point... Donne-lui
une pièce d'or!

ARMAND.

Tiens, Louison...

CHRISTINE, *hésitant.*

Mais, Monsieur, *(A part.)* Pourtant il le faut bien... mais ce ne serait donc pas deux pauvres artistes. (*Haut.*) Merci, Monsieur! *

ARMAND, *continuant.*

De la part de Triptolème ; moi, je voudrais te donner quelque chose qui fût plus digne de toi!... Si tu savais le plaisir que j'ai à te regarder, si tu savais ce que tu me rappelles, si tu savais...

CHRISTINE, *se détournant confuse et à part.*

Je sais qu'il ne se gêne guère !... *tu, toi!* Je n'avais pas prévu cela, en entrant à mon service... (*Elle se retourne vers Armand et, rencontrant ses yeux, elle se trouble un peu et dit à Triptolème.*) Mangez donc un peu, M. Triptolème !

TRIPTOLÈME, *la bouche pleine.*

J'essaie, ma fille, j'essaie, tu vois ! Dame ! comme on dit dans l'atelier de mon élève, l'appétit vient en jeûnant. (*Apercevant la hache.*) Oh ! elle aussi, regarde, Armand ! la suivante aussi ! et elle m'invite à manger !... Armand, Armand, la belle nuit pour une orgie à la tour !...

ARMAND.

Tiens ! tiens ! tiens !... Expliquez-nous donc, gracieuse fille, la présence de ce joujou dans votre toilette.

(*Il montre la hache.*)

CHRISTINE.

Ah ! cela..., c'est... c'est une hache.

ARMAND.

Oui, je crois bien que c'est une hache, et ça me semble bien lourd comme bijou : quittez donc cela !

TRIPTOLÈME, *mangeant.*

Armand, cette soubrette n'est pas une soubrette.

CHRISTINE, *effrayée, à part.*

Hein ! se douteraient-ils ?...

TRIPTOLÈME.

C'est Jeanne Hachette, moins le piédestal et la ville de Beauvais.

ARMAND.

Allons, fraîche créature, déposez les armes, ou dites pourquoi vous êtes armée...

(*Il se lève.*)

CHRISTINE, *remontant.*

Mes domestiques ne reviennent pas. Ils m'oublient pour la danse...

* Triptolème, Armand, Christine.

ARMAND. *

Eh bien !...

CHRISTINE, *se levant.*

Eh bien ! si je porte cette petite hache, c'est à cause de madame... Il paraît qu'elle avait épousé un officier de marine jaloux jusqu'à la férocité. Croiriez-vous qu'il eut la barbarie de lui faire passer le temps de leur mariage sur mer. Là, il trouvait encore sujet d'être jaloux, il l'était des gens de l'équipage, des goëlands, du tonnerre, je crois !... et c'étaient des soupçons, des menaces, des fureurs !... il fallait voir !... même qu'un jour ma pauvre maîtresse vit le bras de son mari lever sur elle une hache d'abordage, un peu plus grande que celle-ci... Bref, elle était la femme la plus malheureuse de la terre.

ARMAND.

Et de la mer !

TRIPTOLÈME.

Pardon, l'aima-t-elle, son mari ?

CHRISTINE.

Elle l'aima.... quand il cessa de l'être.

ARMAND.

Ah ! il était mortel, au moins !

TRIPTOLÈME.

Il avait des qualités !

CHRISTINE.

Depuis, ma maîtresse a toujours porté une petite hache au côté gauche. Quand elle sentait son cœur faiblir à des déclarations qui voulaient faire cesser son veuvage, elle regardait à sa ceinture, et sur l'acier elle revoyait comme dans un miroir, son mari jaloux et menaçant : çà la sauvait.

TRIPTOLÈME.

Armand ! cette soubrette n'est pas une soubrette.

CHRISTINE, *effrayée.*

Hein !

TRIPTOLÈME.

C'est un feuilleton.

ARMAND.

Dis donc, mignonne, elle ne manque pas de fatuité ta maîtresse de 65 ans !... Sais-tu qu'on n'y touche guère aux haches de cet âge-là?

CHRISTINE, *à part.*

Voilà 65 ans qui commencent à me gêner beaucoup.

* Triptolème, Christine, Armand.

ARMAND.

Mais toi, tu n'as pas passé par les mêmes épreuves, j'espère ! et tu n'en portes pas moins à ta ceinture...

CHRISTINE.

Oui, car ma maîtresse m'a inspiré sa terreur de l'amour, des
hommes, du mariage, et je l'imite, moi.

AIR *nouveau de M. J. Adenis.*

Oui ! c'est un talisman vainqueur,
Qui doit protéger ma faiblesse,
Et c'est lui qui défend mon cœur
Contre les serments de tendresse !
Des amans je me ris tout bas,
Et quand l'un d'eux pour moi soupire,
Je me contente de lui dire,
Regardez !... mais ne touchez pas !

ARMAND.

Elle est charmante, en vérité.

TRIPTOLÈME.

Oui, avec cet air de franchise surtout, elle est jolie à donner
envie de se marier dans les quarante-huit heures, que dis-je
dans les quarante-huit heures ?... Dans les vingt-quatre heures !... Que dis-je ?...

ARMAND *à Triptolème.*

Ne dis plus rien !

TRIPTOLÈME.

D'ailleurs, comme on dit à ton atelier, un peu Pluton, un
peu Plutarque, il faut faire une fin ; dis-moi où tu entres, je
te dirai où tu es ; d'autant que comme on connaît les singes,
on les abhorre, et cette Louison est si jolie... que...
(*Il avance le bras comme pour l'attirer vers lui.*)
CHRISTINE, *lui montrant la hache et faisant mine de s'en
servir.*

M. Triptolème !

TRIPTOLÈME.

Bien, bien, je sais ! (*A Armand*). Sa hache m'explique *sa
peur.* (*A Christine*). Oui, Louison, au *train* dont vous nous
lanciez l'artillerie de vos regards, je comprends que vous vous
cuirassiez, comme un *dragon* de vertu qui se *gendarme* et je
vois le *mobile* qui vous *guide !*

ARMAND.

J'appelle ça une grande revue, moi, une phrase comme
celle-là !

TRIPTOLÈME.

Elle est charmante, cette Louison, et... et... donne-lui encore une pièce d'or...

(Armand obéit).

CHRISTINE.

Ça mais, monsieur, vous êtes donc riche?

TRIPTOLÈME.

Lui, c't'enfant-là, mais, ma petite, c'est un peintre énorme ! Avez-vous vu au salon d'il y a deux ans, des sites de Touraine.

CHRISTINE, *vivement.*

Des sites de Touraine?... Non !

TRIPTOLÈME.

C'est son pays qu'il avait fait, et en voilà des toiles ! quelle huile ? quel beurre ! quelle pâte ! Était-ce léché, torché et tripoté crânement !... Aussi, maintenant, il vous gagne des dix-mille francs par an, et voilà quelques années qu'ça dure; mais si ce n'est pour aller aux Italiens, ou pour voyager, car, tenez, nous allons à Rome en ce moment-ci. Eh bien ! mon élève ne dépense rien. Que voulez-vous?... Il ne sait pas, et il est heureux comme tout de m'avoir, car s'il ne m'avait pas, il serait sans défaut ! et çà serait triste ! .. hein !... dis, mon élève !...

CHRISTINE, *à Armand.*

Et c'est monsieur qui vous a appris... à gagner dix-mille francs par an?

ARMAND.

Lui!... * c'est mon maître, en effet, mais mon maître d'armes !

CHRISTINE.

Et il va à Rome avec vous ?

ARMAND.

Il irait au diable avec moi !... Je l'ai pris à l'année; nous avons même ensemble un bail de trois, six, neuf.

TRIPTOLÈME.

Dix-huit, trente-six, soixante-douze, cent quarante-quatre, on ne sait pas.

CHRISTINE, *s'asseyant.*

Ah ! ah ! ah ! vous êtes donc bien querelleur ?...

ARMAND.

Mais non, ce n'est pas cela ! Tiens, Louison, tu m'as ser-

______

* Triptolème, Armand, Christine.

vi la chronique de ta hache, je vais t'offrir la légende du fleuret.

CHRISTINE.

Bien ! mais dispensez-vous donc de me tutoyer, s'il vous plaît ?

ARMAND.

Il ne me plaît guère maintenant que j'en ai l'habitude... N'importe, je vous obérai. Figure-toi donc, Louison. .

TRIPTOLÈME.

Un instant ! Peut-on fumer dans votre boudoir, Louison ?

CHRISTINE.

Oh ! tout de même !

ARMAND.

Figure-toi, Louison, qu'il y a cinq ans, un soir, aux Italiens, à l'orchestre, je me trouvais près d'un monsieur qui portait des gants... des gants d'une nuance atroce, quelque chose d'inouï entre le jaune et le violet.

CHRISTINE, *à part.*

Tiens ! comme M. de Marveilles.

ARMAND.

Quoi ?

CHRISTINE.

Rien.

ARMAND.

Moi, amant de la couleur, ces gants-là me mettaient au supplice, cependant je me résignais. Mais voilà que ce scélérat se met à parler des femmes à une autre paire de gants, serin, qui l'accompagnait et qu'il en parle beaucoup !... longtemps !... d'une façon !... Moi, Louison, je ne peux pas entendre abîmer les femmes. Ma foi, je patiente encore un peu et puis plus du tout, et je dis à mon voisin : Vous êtes un drôle sans pudeur, sans mère, sans sœur, sans femme et certainement sans cœur !

CHRISTINE.

Quelle folie ! quelle imprudence !

TRIPTOLÈME.

Ah ! il est comme ça... c'est à prendre ou à laisser !

ARMAND.

Il avait moins de cœur que de gants, mon voisin, mais à l'épée, il avait la main excellente ; le lendemain, moi, qui n'avais jamais touché un fleuret, j'étais couché pour six mois avec l'épaule droite dans un fichu état ; et je réfléchissais à l'inconvénient d'ignorer l'escrime, quand on ne veut pas entendre parler mal des femmes.

TRIPTOLÈME.

Tu ne l'ignores plus.

ARMAND.

Tandis que je me demandais si je pourrais encore me servir du bras droit, j'entendais à côté de mon atelier une voix
de stentor crier toute la journée : « *En garde, fendez-vous !* »
Le stentor, c'était monsieur, professeur ès-armes et ès-grâces.
Impatienté, je le fis venir pour le prier de crier moins fort, et
c'est ainsi que je connus, un peu tard, mon maître d'escrime.
Il m'a soigné comme son enfant, il a certainement hâté ma
guérison ; son dévouement l'avait déjà logé dans mon cœur,
quand, un jour, il vint loger chez moi. J'étais pauvre, modeste,
un peu sauvage, il fut pour moi inventif, hardi, entreprenant ;
c'est lui qui, à force de courses, de démarches, d'audace,
parvint à me faire vendre mes premiers tableaux. Enfin, s'il
y a sous le ciel un homme qui m'aime et que j'aime, que
j'estime et qui m'estime, c'est mon vieux Triptolème, mon
garde-malade, mon garde-côtes, mon garde-misère et mon
ami !

(Il avance la main).

TRIPTOLÈME, *la serrant.*

L'enfant dit vrai.

CHRISTINE, *avec entraînement.*

Vous êtes un brave homme, M. Triptolème, et je vous
aime aussi !

ARMAND.

Aussi ! tu m'aimes donc, moi ?

CHRISTINE

Mais non, je lui dis : moi aussi, je vous aime !

TRIPTOLÈME.

Eh bien ! aimons-nous tous, sans oublier ce vin-là. (*Prenant
son verre.*) Joli vin, vieillard plein de gaîté qui serait mon
grand-père. (*Il verse à boire.*) Je veux le porter dans mon cœur !
(*Il boit*) et le cultiver et le chanter !... Ah bien ! tant pis,
chantons ! ça fait aimer, ça fait digérer et ça fait boire ! (*Of-
frant un verre de vin à Louison.*) Allons, Louison, pour la fête
d'Armand.

CHRISTINE, *à part.*

Dans quelle situation me voilà !

ARMAND.

AIR : *Verse le vin de France.*

Gloire au soleil qui chaque jour,
Met, pour enchanter toutes choses,

Son feu dans les grappes écloses,
Et qui pour couronner l'amour
    Sème les roses !

Loin du bruit que les hommes font,
Fruits et fleurs, ô double richesse,
Roses pampres, ceignez mon front
Et le front pur de ma maîtresse,
Tout le temps de notre jeunesse !...

O soleil, verse-nous sans cesse
Tes rayons bénis chaque jour,
Dans l'amour verse-nous l'ivresse,
Dans le vin verse-nous l'amour !
Verse-nous le vin et l'amour !

(Triptolème reprend avec Armand le dernier vers.)

Au tour de Louison.

CHRISTINE.

Mais, monsieur, je ne sais pas, moi !... Ah ! voulez-vous
une chanson de mon pays ?

TRIPTOLÈME.

Parbleu ! — A mort.*

CHRISTINE.

Eh bien ! écoutez.

AIR ; *Si j'étais l'hirondelle.*

Quand j'étais tourterelle,
Avec un beau ramier,
Je m'envolais avant,
Z-avant (*ter*) dans les forêts,
Pour te cueillir des fraises ,
O mon joli ramier !...

TRIPTOLÈME.

Bravo, Louison !

CHRISTINE.

C'est une chanson de Touraine.

ARMAND.

De Touraine?... C'est ton pays ?

* Triptolème, Christine, Armand.

CHRISTINE.

Non, c'est celui de madame.

ARMAND, *à part.*

O mes premiers espoirs ! mon enfance ! mes souvenirs vivants en elle !... Il faut que je lui dise le plan que je conçois ! mais Triptolème me gêne !... où le mettrais-je donc bien ? Ah !... * (*L'attirant à lui, et bas.*) Si tu m'aimes encore... (*Triptolème lui donne un coup de poing.*) Oui ! bon ! bien ! tu vas faire trois fois le tour du parc sans t'arrêter.

TRIPTOLÈME.

Mais ce parc, mon ami, c'est un vrai bois de Boulogne !

ARMAND.

Tu ne m'aimes plus? (*Coup de poing de Triptolème.*). Alors, sans t'arrêter... va !

TRIPTOLÈME *sort en murmurant à droite,*

Oh ! elle est mauvaise, celle-là ! elle est mauvaise...

SCÈNE VIII.

CHRISTINE, ARMAND.

CHRISTINE.

Eh bien ! il nous quitte, votre ami ?

ARMAND.

Non, il s'en va... cueillir des violettes... Nous sommes seuls, Louison, j'en veux profiter pour vous parler sérieusement.

CHRISTINE.

Sérieusement ?

ARMAND.

Louison, écoutez-moi vite ! Je ne peux pas pénétrer les mystères dont ce château regorge... ça ne me regarde pas, je n'ai pas le temps, autre chose presse bien davantage. Louison, sois franche, combien gagnes-tu ici, réponds ?

CHRITINE.

Mais monsieur...

ARMAND.

Six cents francs, hein ?... oui ! bien, je t'en donne six mille?

* Triptolème, Armand, Christine.

CHRISTINE.

Ça, monsieur...

ARMAND.

Je t'en donne douze mille * — Hein! quoi? qu'est-ce que tu as?... ah! je comprends, je t'ai fait peur! tu as cru que... ah! ça, Louison, pour qui me prends-tu?... je suis encore jeune, il me semble; je suis un honnête garçon, et d'ailleurs, je ne t'aimerai pas, moi, j'aime déjà.

CHRISTINE.

Ah!

ARMAND.

Oui, j'aime une enfant, un souvenir de Touraine, un bouton d'églantine, une petite madame grande comme ça, moitié mars et moitié avril, qui doit être maintenant grande et fleurie comme toi, et toute rose et toute pimpante. — Comprends-tu?...

CHRISTINE.

Comment donc!... pas du tout!

ARMAND.

C'est pourtant bien clair! mais qu'as tu besoin de comprendre, voyons! acceptes-tu? Rien ne t'enchaine ici, n'est-ce pas?... ce grand drôle enrhumé qui parle à travers les portes, j'espère bien qu'il ne se permet pas de te faire la cour!

CHRISTINE.

Ah! ah! ah! je vous jure qu'il n'y pense pas!

ARMAND.

Alors tu vas me dire que tu aimes ta maîtresse et que... Eh! bien, mais, tu m'aimeras, moi, bon petit cœur; tu m'aimeras, je t'en réponds! et ça reviendra au même. — Allons! est-ce conclu?

CHRISTINE.

Mais, monsieur, si je consens à passer à votre service, apprenez moi un peu ce que j'aurai à faire?...

ARMAND.

Je viens de te le dire! tu aimeras ton maître! qui sera bon pour toi, et comme lorsqu'on aime, rien n'est si doux que de le prouver, tu me le prouveras en me laissant t'emmener en Touraine, vers un petit village qui se nomme Valfleurs...

CHRISTINE, *à part.*

Valfleurs!

ARMAND, *continuant.*

Dans une belle ferme qu'on appelle Chante-Oiseau.

* Armand, Christine.

CHRISTINE, *à part.*

Chante-Oiseau !...

ARMAND.

Là tu t'habilleras à mon gré ! petite jupe grise qui ne craint pas la poussière, corsage de mousseline blanche qui laisse les bras se hâler au soleil, chapeau de paille un peu grand, bottines un peu hautes !

CHRISTINE, *à part.*

O ma toilette de quatorze ans !

ARMAND.

Moi, m'étant habillé de bonne toile grise comme l'enfant du fermier de Chante-Oiseau, nous nous en irons courir par les champs, les bois, les prairies ! Les bonnes parties que nous ferons là, mon Dieu ! quand je t'embrasserais par-ci par-là, dans les moments de joie, ou après les expéditions périlleuses, il n'y aurait pas grand mal... mais où il faudra me pardonner, c'est quand j'oublierai votre nom, Louison, pour vous appeler !... Christine... (*Changeant de ton*). Eh ! bien, mignonne, vous ne dites plus rien...

CHRISTINE, *toute rêveuse, doucement et à part.*

C'est donc bien lui, Jean... (*Haut.*) Et votre voyage à Rome.

ARMAND.

Bah ! tout chemin y conduit ! J'irai par la Touraine, à présent, vous comprenez qu'il s'agit de me rendre autant que possible la joyeuse enfance de ma vie, le temps où fils de fermier je voyais revenir à chaque beau jour vers ma mère sa nourrice, une jolie petite fille née au château voisin, ma sœur de lait qui m'appelait son petit mari, que j'appelais ma petite femme et qui est restée dans mon cœur pour l'empêcher de battre pour aucune autre?... Vous lui ressemblez, Louison, à cette compagne de mon bonheur ; si elle n'était une grande dame et si vous n'étiez une camériste ; je croirais tenir encore ses mains dans les miennes. — (*Il veut lui prendre les mains, elle recule.*)

CHRISTINE.

Monsieur... Mais monsieur, dans la ferme de votre père, vous appeliez-vous donc de ce nom peu campagnard, Armand?

ARMAND.

Non, je portais mon vrai nom paysan, que mes camarades d'atelier m'ont forcé de quitter. Hélas ! j'avais bien quitté Valfleurs, ma sœur de lait s'était envolée vers Paris, et il s'était envolé comme elle, ce beau temps de la vie où il n'y a ni rang, ni fortune, ni grande dame, ni paysan, mais deux petits enfants qui se disent *toi*, qui s'aiment bien, tous deux, chers au bon Dieu et tous deux égaux devant lui. (*S'inter-rompant.*) Mais, Louison, je me laisse aller comme ça devant vous à mes souvenirs ça, ne vous fait rien, dites?

CHRISTINE, à part avec émotion.

Oh! si... (*Haut.*) Oh ! non !... allez, dites toujours.

ARMAND.

Depuis, nous avons grandi loin l'un de l'autre ! et si ma... petite femme me revoyait aujourd'hui, elle ne me reconnaîtrait pas sans doute ou bien elle me regarderait du haut de sa fierté... Tandis que toi, Louison, toi en qui je la retrouve, tu me laisseras te regarder à mon aise, te parler de Valfleurs, t'aimer encore. — (*Il avance les bras, comme pour éteindre Christine.*)

CHRISTINE, reculant.

Ne touchez pas à la hache *.

ARMAND.

Oh ! la réalité !

(Ici on entend au loin un air de danse.)

CHRISTINE, se rapprochant.

Vous ne l'avez donc jamais revue, cette compagne d'enfance?...

ARMAND.

Si, entrevue, veux-je dire !... Une fois de loin au fond d'une loge des Italiens. Mais qu'entends-je là ?... Les violons de la fête? dont le vent nous apporte les airs de danse?

CHRISTINE, écoutant.

Ou la promenade finale au clair de lune, à la suite des ménétriers...

ARMAND, écoutant mieux.

Ah! mon Dieu!... est-ce mon imagination, mon souvenir qui chante?... Non, je ne me trompe pas, c'est l'air *vive l'a-mour* qu'on jouait à la fête de Valfleurs.

AIR nouveau de M. Oray.

Vive l'amour, c'est le chant qu'à la ronde,
Sous le soleil chacun dit à son tour,
Et tant que Dieu fera durer le monde,
On chantera : vive, vive l'amour!

Vive l'amour, puisqu'il nous fait vivre,
Comme le pain notre premier bien,

* Christine, Armand.

Vive l'amour puisqu'il nous enivre
Comme un vieux vin qui ne coûte rien !

CHRISTINE.

Comme il est doux encore cet air ? On dirait qu'il soupire
en dansant.

ARMAND, *avec feu.*

Encore ?... tu le reconnais donc comme moi...

CHRISTINE.

Dame ! monsieur, vive l'amour c'est un air de tous les
pays.

*Ils reprennent ensemble vive l'amour, etc. Pendant la reprise
Triptolème rentre par la gauche.*

SCÈNE IX.

LES MÊMES, TRIPTOLÈME *.

ARMAND.

Alors, Louison, vous me refusez ! (*Apercevant Triptolème.*)
Elle refuse, mon ami...

TRIPTOLÈME (*allant s'asseoir.*)

Ouf ! ah ! elle refuse ! ah ! c'est indigne ! qu'est-ce qu'elle
refuse, dis ?

ARMAND.

Elle dit qu'elle est trop attachée à sa maîtresse !

TRIPTOLÈME.

Armand, cette soubrette n'est pas une soubrette !

CHRISTINE.

Hein ?

ARMAND.

Non ! c'est une perle, un diamant, une étoile, une... Et sa
maîtresse aussi ! À propos, tu ne m'as pas encore dit son nom
à ta maîtresse ?

CHRISTINE, *à part.*

Qui pourrait me retenir ? (*Haut.*) C'est... c'est madame de
Thévannes.

ARMAND, *vivement.*

Madame de Thévannes !... Nous sommes ici chez madame
de Thévannes ?

* Triptolème, Armand, Christine.

CHRISTINE.

Oui, monsieur !

ARMAND.

Tu es au service de madame de Thévannes ?

CHRISTINE.

Oui, monsieur !

ARMAND.

Tu mens.

TRIPTOLÈME.

Oh ! oh ! oh !

CHRISTINE.

Monsieur !

ARMAND.

Madame de Thévannes est veuve.

CHRISTINE.

C'est vrai !

ARMAND.

Depuis deux ans.

CHRISTINE.

C'est vrai.

ARMAND.

D'un capitaine de frégate.

CHRISTINE.

C'est vrai !

ARMAND.

C'est la femme dont je te parlais là, ma sœur de lait !...

CHRISTINE, *à part.*

Je le sais bien !

ARMAND.

Elle a vingt-trois ans tout au plus !

CHRISTINE.

Vingt-deux.

TRIPTOLÈME.

Et votre maîtresse à vous en a 165 !

CHRISTINE, *à part.*

Ah! toujours mes 65 ans! allons! encore un mensonge! (*Haut.*) Eh ! bien ! ma maîtresse...

ARMAND.

Ta maîtresse !

CHRISTINE.

C'est... c'est la mère de madame de Thévannes, la belle mère de madame Christine...

ARMAND.

Et elle, Christine ? (*Se reprenant.*) Madame Christine, elle se croit encore riche ?

CHRISTINE.

Dam ! il y a des raisons pour ça.

ARMAND, *à part.*

Quoi !... elle ignorerait... (*Haut.*) Depuis combien de temps, avez-vous donc quitté Paris ?

CHRISTINE.

Depuis trois mois.

ARMAND, *à lui-même.*

C'est cela, elle ne peut savoir... (*A Christine.*) Va me chercher ta maîtresse !... ta vieille maîtresse.

CHRISTINE.

Mais monsieur.

ARMAND.

Tu ne veux pas y aller... j'y vais, moi, et je saurai bien la trouver.

(*Il saisit un flambeau et en courant disparaît par la droite. Demi-jour.*)

SCÈNE X.

TRIPTOLÈME, CHRISTINE.

CHRISTINE.

Qu'a-t-il donc, votre ami ?... Le savez-vous ?

TRIPTOLÈME.

Non ! mais je sais, qu'il a pour vous ce que nous appelons à l'atelier une toccade de première classe ! j'ai bien vu ça, moi, tout en ayant l'air de manger et je vous dis que vos yeux lui ont tapé un coup de soleil sur le cœur !

CHRISTINE.

Ah ! vous croyez que...

TRIPTOLÈME.

Faut-il vous le signer de mon sang ? donnez-moi une plume et de l'encre... (*D'un ton calin.*) Louison, ma fille, j'aurais bien pris du café, moi !...

CHRISTINE.

Au reste, il n'est pas mal votre ami.

TRIPTOLÈME.

Eh mais !... il est encore mieux que moi !

CHRISTINE.

Il est jeune, spirituel, élégant...

TRIPTOLÈME.

Dam ! petite, il a eu de mes leçons.

CHRISTINE.

On doit avoir encouragé en lui ces passions brusques, impertinentes, assez honteuses au fond qu'on appelle caprices, et que vous nommez, vous ?

TRIPTOLÈME.

Toccades !.... Louison, il aurait bien pris du café, ce pauvre Triptolème !

CHRISTINE.

Et vous devez être assez occupé, vous, comme confident de ses amours.

TRIPTOLÈME, *se levant.*

Moi, confident de... mais c'est une sinécure que vous me supposez !... mais il est inouï, ce garçon-là ! Il est rangé comme une demoiselle... il en est même ridicule ! Dans les ateliers où l'on aime le sexe joli, on a baptisé mon élève : la chaste Suzanne... Une fois, cependant, un peintre de l'institut, le premier maître d'Armand, un monsieur qui fait des Grecs en carton et des Romains en pain d'épice, à ce que dit l'atelier, et qui en a le moyen, car il est très-riche... a réussi à lui faire accepter la propre main de sa demoiselle... Tout était baclé, très-bien ; Armand allait se charger de la fille par reconnaissance pour le père, quand, la veille du contrat, mon Armand va aux Italiens. Le lendemain, crac ! il casse tout : le contrat, la future, le beau-père, et il rentre à l'atelier où on le surnomme Joseph sans son Manteau.

CHRISTINE.

Ah ! vraiment...

TRIPTOLÈME.

Et avec tout cela, je dois lui rendre cette justice qu'il n'a jamais manqué de m'offrir du café après dîner ; il sait que quand je n'ai pas bu de café, je ne dors pas tranquille.

CHRISTINE.

Du café, monsieur Triptolème, je vais vous en chercher... (*A part.*) Je suis curieuse de savoir s'il a trouvé ma maîtresse. (*Elle prend la seconde bougie et disparaît par la droite. — Nuit.*)

TRIPTOLÈME.

Elle me laisse seul dans l'ombre de la nuit !... N'importe ! c'est une charmante fille, et nous ne sommes pas trop mal tombés ici... Nous y reviendrons.

SCÈNE XI.

TRIPTOLÈME, ARMAND.

ARMAND, *paraissant dans le pavillon, sa bougie à la main.*

Où suis-je ici?... un pavillon ! (*S'arrêtant devant la panoplie.*
— *demi-jour.*) Qu'est-cela ?... Ah ! ah ! c'est là qu'on prend les
armes, les haches de toilette, c'est l'arsenal de la maison...
Et ce pavillon, il doit ouvrir sur la terrasse. (*Il pousse la porte.*)
C'est cela. (*Descendant sur la scène.*) Allons, jolie expédition !...

TRIPTOLÈME.

Eh bien !

ARMAND, *posant son flambeau sur la table.*

Eh bien, mon ami, pas un bruit, pas une lumière ! le domestique enroué, la vieille dame, madame Christine, tout le
monde est couché et dort sans doute profondément... et
Louison ?

TRIPTOLÈME.

Elle est allée me quérir du café.

ARMAND.

Dans ma recherche inutile, à travers ces appartements dé-
serts, je pensais à ce qui nous arrive ici, et vraiment c'est
étrange !... Il y a surtout cette Louison qui ressemble tant à
Christine, chez Christine !...

TRIPTOLÈME, *bâillant.*

. C'est que ta Christine et cette Louison sont peut-être sœurs
de lait.

ARMAND.

Et nous, Triptolème, sommes-nous bien éveillés ?

TRIPTOLÈME, *bâillant.*

Pas moi, mon ami. je ne sais pas si ça tient à ce que nous
avons marché treize heures, mais je suis fatigué.
(*Il prend une seconde chaise et il s'étend comme sur un canapé.*)

ARMAND.

Il faut pourtant apprendre à madame de Thévannes...

TRIPTOLÈME.

Oui, au fait ! qu'est-ce que tu veux lui apprendre à madame de Thévannes ?

SCÈNE XII.

LES MÊMES, CHRISTINE, *dans le pavillon. Elle n'a plus la hache.*
Puis le domestique à la lanterne. — *Jour.*

ARMAND.

Qu'elle est ruinée...

CHRISTINE.

Ruinée !...

TRIPTOLÈME.

Ruinée, pauvre petite femme, et comment donc ça ?...

ARMAND.

Avant de quitter Paris, il y a quinze jours, j'allais remettre mon argent au banquier que je croyais le plus honnête du genre, quand j'appris qu'il venait de s'enfuir, emportant avec lui toute la fortune réalisée de madame de Thévannes.

CHRISTINE, à part, tombant assise.

Plus rien, mon Dieu !

ARMAND.

Christine, ma sœur Christine, ruinée !... Ah çà, dis donc, toi, tu me fais parler, parler... et tu dors là comme... une garde-malade... (Le secouant.) Triptolème !

TRIPTOLÈME.

Ah, tiens ! je rêvais déjà ! je rêvais qu'un bas-bleu me tenait par les oreilles et me lisait des tragédies !... Ça me fait penser que nous avons toujours les nôtres, d'oreilles... Je crois que nous les garderons, hein ?... (Le domestique paraît, arrivant par la haie et tenant une lettre d'une main et sa lanterne de l'autre.) Aïe ! j'ai parlé trop tôt ! voilà le facteur du tranche-oreilles !... Donne-lui trois sous.
(Le domestique remet un billet à Armand et sort par l'endroit où il est entré.)

ARMAND, ouvrant la lettre *.

Sans doute des injures et des provocations... Voyons : (Lisant.) Aujourd'hui, Monsieur, j'ai écrit à madame de Thévannes une lettre qui lui annonçait...

TRIPTOLÈME.

Quoi ! il y avait eu déjà une lettre du même avant notre arrivée !... (bâillant.) Ah çà, mais c'est une poste aux lettres que ce monsieur.

ARMAND, à haute voix.

Et j'étais résolu à engager malgré elle madame de Thévannes, en la compromettant. Je me retire devant vous, Monsieur, qui, mieux accueilli que moi, m'épargnez cette extrémité. Mais je me promets pour consolation le plaisir de raconter à Paris la comédie à laquelle j'ai assisté ce soir. Permettez-moi de remplacer, par mes compliments, mon invitation à un duel ridicule...

____

* Armand, Triptolème, Christine.

CHRISTINE, *à elle-même.*

Compromise ! oui, me voilà compromise !

ARMAND, *froissant la lettre et la jetant loin de lui.*

Ridicule ! mais il ne l'est plus du tout, et j'en veux, moi !... (*Criant.*) Attendez, Monsieur. (*Il enlève les fleurets du sac de Triptolème, en casse le bouton sous son talon en criant :*) Me voilà !...

CHRISTINE.

Il va se battre !...

ARMAND. *

Triptolème !... (*Silence.*) Bah ! laissons-le dormir !... Ah ! il n'a peut-être pas d'armes, ce brave comprometteur de femmes. (*Il prend le second fleuret.*) Allons !

(*Il franchit vivement la haie.*)

LA VOIX DU DOMESTIQUE.

Qui vive ?

LA VOIX D'ARMAND.

L'ennemi ! en garde !...

SCÈNE XIII.

TRIPTOLÈME, *endormi,* CHRISTINE.

CHRISTINE, *descendant sur la scène.*

Il est parti ! sans son compagnon. (*Appelant.*) Monsieur Triptolème !

TRIPTOLÈME, *rêvant.*

Larifla, fla, fla !...

CHRISTINE.

Triptolème, éveillez-vous !... (*On entend le cliquetis des fleurets.*) Entendez-vous ce bruit ! (*A elle-même.*) Quel bruit, mon Dieu !

TRIPTOLÈME, *rêvant.*

Parez tierce !... rompez !... dégagez !...

(*Musique à l'orchestre.*)

CHRISTINE, *le secouant.*

Monsieur ! éveillez-vous donc !... Oh ! ce bruit !... Et si Armand allait être blessé !... tué, peut-être !... Oh ! comment empêcher ce duel ?...

TRIPTOLÈME, *dormant.*

Contre de tierce ! fendez-vous ! Touché ! (*Le bruit cesse. La musique s'arrête.*) Larifla...

* Triptolème, Armand, Christine.

CHRISTINE.

Le bruit cesse!... Qu'est-il arrivé?... Ah! par la petite porte ..

(*Armand parait à l'ouverture de la haie. — Il tient son habit à la main.*)

CHRISTINE.

Lui!... (*Avec joie.*) Ah! mon Dieu! (*Elle reste à l'écart.*)

SCÈNE XIV.

TRIPTOLÈME, ARMAND, CHRISTINE.

ARMAND.

Il dort encore! (*Appelant.*) Triptolème! (*Criant plus fort et le secouant.*) Triptolème allons donc!... faut-il employer le tonnerre?

TRIPTOLÈME, *s'éveillant.*

Eh bien quoi?... J'entends bien! je ne dors pas! qu'est-ce que tu as avec ton tonnerre?

ARMAND.

Eh! je viens de me battre, mon ami! à la lueur d'une lanterne. Sais-tu qu'il est bon ton coup de tierce en dedans?

TRIPTOLÈME.

Quoi! malheureux! te battre sans moi!... et avec qui?

ARMAND.

L'homme aux cent mille lettres! et quel bonheur! c'est le même qui portait ces horribles gants... tu sais, et qui parlait si mal des femmes... J'ai pris ma revanche... Allons! j'ai le bras piqué, serre-le moi un peu!...

CHRISTINE, *à part et s'approchant.*

Il est blessé!

TRIPTOLÈME.

Fichtre, mais! ton sang coule.

ARMAND.

Oui, pour elle mon ami! oh! je suis bien content!... seulement, ça va s'arrêter et c'est dommage !...

CHRISTINE, *se montrant et d'une voix bien douce.*

Jean, voulez-vous mon mouchoir?

ARMAND, *a part.*

Elle !... Christine !... C'était elle.

CHRISTINE, *se baissant.*

Enveloppez donc mieux votre bras, Armand!

ARMAND, *gaîment.*

Armand tout court! vous me manquez de respect, Louison ; (*Gravement.*) savez-vous, Louison, dans quelles relations votre maîtresse était avec M. de Marveilles ?...

CHRISTINE, *lui présentant la lettre de la scène première.*
Lisez.

(*Armand lit bas.*)

TRIPTOLÈME, *qui a fini de panser Armand, regardant Christine à part.*
Je commence à voir clair dans le personnel du château !

(*Il va se rasseoir.*)

ARMAND, *après avoir lu.*
Ah! Christine !... c'est donc vous !

CHRISTINE.
C'est moi, mon ami.. mais vous aurez beau faire, M. de Marveilles dira que j'ai un amant.

TRIPTOLÈME.
Il n'y a qu'un homme qui puisse empêcher de dire cela c'est un mari...

(*Il cède au sommeil et se couche sur deux chaises en travers, face au public.**)

CHRISTINE.
Quoi, Armand... Non, Jean, mon brave frère d'autrefois ! vous voudriez, vous riche et glorieux, d'une pauvre femme compromise et ruinée ?

(*Musique, air : vive l'amour.*)

ARMAND.
Christine, entendez-vous?... (*Fredonnant.*) Vive l'amour... (*Regardant Triptolème.*) Il dort, lui! nous sommes seuls. (*S'agenouillant.*) Christine, nous avons commencé la vie ensemble, voulez-vous la finir ensemble ?

CHRISTINE.
Je vous répondrai... (*Elle lui tend les mains et le relève.*) A Valfleurs !

TRIPTOLÈME, *chantant en rêvant.*

Et tant que Dieu fera durer le monde,
On chantera vive, vive l'amour.

---

* Triptolème, Christine, Armand.

Air *de la Gardeuse de dindons.*

ARMAND, *au public.*

Nous voyant d'accord,
Sans nul effort,
Il se rendort.

CHRISTINE.

Et d'un cœur content,
En cet instant,
Rêve en chantant.

TRIPTOLÈME, *rêvant.*

Oui je vous promets
Gentil succès,
Bravos complets.

CHRISTINE et ARMAND.

Public indulgent,
En réalisant
Son rêve charmant,
Faites nous gaîment,
Dire en partant :

ENSEMBLE.

Vive l'amour, c'est le chant qu'à la ronde,
Sous le soleil chacun dit à son tour, etc., etc.

FIN.

Poissy. — Typographie Arbieu.